INVIERTE
INTELIGENTEMENTE
GUÍA PARA
PRINCIPIANTES

INVIERTE INTELIGENTEMENTE

INDICE

Introducción

Capítulo 1: Lo básico

Capítulo 2: ¿Debería invertir?

Capítulo 3: Las cosas... Se estabilizan

Capítulo 4: Haciendo activos extra

Capítulo 5: Estrategia y estilo

Conclusión

INVIERTE INTELIGENTEMENTE

Introducción

Cuando se trata de invertir, muchos inversionistas primerizos quieren entrar con los dos pies. Lamentablemente, muy pocos de esos inversores tienen éxito. Invertir en cualquier cosa requiere cierto grado de habilidad. Es importante recordar que pocas inversiones son algo seguro - ¡hay riesgo de perder su dinero!

Capítulo 1: Lo básico

Antes de entrar en acción, es mejor no sólo descubrir más sobre la inversión y cómo funciona todo, sino también determinar cuáles son sus objetivos.

¿Qué espera lograr con sus inversiones? ¿Financiarás una educación universitaria? ¿Comprar una casa? ¿Retirarse? Antes de invertir un solo centavo, considere realmente lo que espera lograr con esa inversión. Saber cuál es su objetivo le ayudará a tomar decisiones de inversión más inteligentes en el camino!

El punto de partida

Con demasiada frecuencia, las personas invierten dinero en efectivo con el sueño de hacerse rico de la noche a la mañana. Esto es posible, pero también es raro. Comúnmente es una muy mala idea empezar a invertir con la esperanza de hacerse rico de la noche a la mañana. Es más seguro invertir el dinero de tal manera que crezca lentamente con el tiempo, y que se utilice para la jubilación o la educación de un joven. Sin embargo, cuando su objetivo de inversión es hacerse rico rápidamente, debería aprender tanto sobre inversiones de alto rendimiento y a corto plazo como sea posible antes de invertir.

Debe considerar seriamente la posibilidad de hablar con un planificador financiero antes de hacer cualquier inversión. Su planificador financiero puede ayudarle a determinar qué tipo de inversión debe hacer para alcanzar las metas financieras que se ha propuesto. Él o ella puede darle información realista sobre el tipo de rendimiento que puede esperar y el tiempo que le llevará alcanzar sus metas particulares.

Una vez más, recuerde que invertir requiere más que llamar a un corredor de bolsa y decirle que quiere comprar acciones o bonos. Se necesita una cierta cantidad de investigación y conocimiento sobre el mercado cuando se espera invertir con éxito.

Capítulo 2: ¿Debería invertir?

Invertir se ha vuelto cada vez más crucial a lo largo de los años, ya que se desconoce el futuro de las ventajas de la seguridad social.

Información importante

Las personas quieren asegurar su futuro y saben que si dependen de las ventajas del Seguro Social, y en algunos casos de los planes de jubilación, podrían tener un duro despertar cuando ya no tengan la capacidad de obtener un ingreso estable. Invertir es la respuesta a las incógnitas del futuro.

Usted podría haber estado ahorrando dinero en una cuenta de ahorros de bajo interés a lo largo de los años. Ahora, quieres ver que ese dinero crezca a un ritmo más rápido.

Tal vez has heredado dinero o has obtenido algún otro tipo de ganancia inesperada, y necesitas una manera de hacer crecer ese dinero. De nuevo, invertir es la respuesta.

Invertir es también una forma de conseguir las cosas que quieres, como una nueva casa, una educación universitaria para tus hijos, o unos costosos "juguetes". Naturalmente, sus objetivos financieros determinarán el tipo de inversión que haga.

Si desea o necesita ganar mucho dinero rápidamente, estará más interesado en una inversión de mayor riesgo, lo que le dará un mayor rendimiento en menos tiempo. Si está ahorrando para algo en un futuro lejano, como la jubilación, le convendría hacer inversiones más seguras que crezcan en un período de tiempo más largo.

El propósito general de la inversión es crear riqueza y seguridad, durante un período de tiempo. Es crucial recordar que no siempre podrás ganar un ingreso... eventualmente querrás retirarte.

Tampoco puedes contar con que el sistema de seguridad social haga lo que esperas que haga, tampoco puedes depender necesariamente del plan de jubilación de tu empresa. Así que, una vez más, la inversión es la clave para asegurar tu propio futuro financiero, pero debes hacer inversiones brillantes!

Capítulo 3: Las cosas... Se estabilizan

Antes de considerar la posibilidad de invertir en cualquier tipo de mercado, debería examinar detenidamente su situación actual. Invertir en el futuro es una gran cosa; sin embargo, aclarar lo malo - o posiblemente malo - situaciones en el presente es más crucial.

Ponerlo bajo control. Sacar el informe de crédito. Deberías hacer esto una vez al año. Es crucial saber lo que hay en su informe, y aclarar cualquier elemento negativo en su informe de crédito tan pronto como sea posible. Si ha reservado $25.000 para invertir, pero sin embargo tienes $25.000 de mal crédito, ¡es mejor que limpie el crédito primero!

A continuación, mire lo que está pagando cada mes, y deshágase de los gastos que no son necesarios. Por ejemplo, las tarjetas de crédito de alto interés no son necesarias. Páguelas y deshágase de ellas. Si tienes préstamos pendientes con altos intereses, págalos también.

Si no hay nada más, cambie la tarjeta de crédito de alto interés por una de bajo interés y refinancie los préstamos de alto interés con préstamos de bajo interés. Puede que tengas que utilizar algunos de tus fondos de inversión para ocuparte de estos asuntos, sin embargo a largo plazo; verás que este es el camino más sabio.

Ponte en una gran forma financiera - y luego

mejora tu estado financiero con inversiones inteligentes.

No tiene sentido comenzar a invertir fondos si su saldo bancario siempre está bajo o si se está esforzando por pagar sus cuentas mensuales.

Sus capitales de inversión se gastarán mejor para rectificar los problemas financieros adversos que le afectan cada día.

Mientras esté en el proceso de superar su actual situación financiera, insista en informarse sobre los distintos tipos de inversiones.

De esta manera, cuando se encuentre en un estado financiero inteligente, estará armado con el conocimiento que necesita para hacer inversiones igualmente inteligentes en su futuro.

Capítulo 4: Haciendo activos extra

Se han escrito muchos libros y planes educativos sobre cómo comprar bienes sabiamente. Para muchas personas, la compra de bienes es el plan más beneficioso para ellos. Pero si usted tiene aspiraciones de adquirir activos para poder eventualmente invertir, la pregunta es "¿Está usted dispuesto a producir sus activos en lugar de comprar los activos de otra persona?"

Constrúyelo

Este libro trata sobre el ingreso pasivo y sobre cómo tomar un pensamiento y convertirlo en un activo que desarrollará activos adicionales. No se trata sólo de cómo obtener muchos ingresos, sino también de cómo mantener los ingresos que los activos aportan y hacer que produzcan aún más activos además de la inversión. Revela cómo muchos de los individuos ricos llegaron a obtener la mayor parte de los ingresos.

Así que si esto te intriga, entonces por favor continúa. El rompecabezas es, "¿Cómo se produce un activo sin gastar ingresos para conseguirlo?"

"Hay personas que compran bienes y hay personas que producen bienes".

Muchos individuos tienen ideas que pueden hacerlos ricos más allá de sus aspiraciones más salvajes. La cuestión es que la mayoría de los individuos nunca han sido instruidos en cómo colocar una estructura de negocios dentro de sus ideas y por lo tanto muchas de sus ideas nunca toman forma o se mantienen solas.

Si desea estar entre las personas que tienen dinero extra para invertir, tendrá que entender cómo establecer una estructura empresarial dentro de sus ideas creativas. Una vez que primero intentas convertir tus ideas en una fortuna personal, muchos individuos dirán, "No puedes lograr eso".

Recuerde siempre que nada borra más sus increíbles ideas que los individuos con pocas ideas e imaginación restringida. El obstáculo para convertir nuestras ideas en 1000000 dólares o incluso en 1000000000000

El activo en dólares es a menudo la lucha

entre nuestros propios espíritus y nuestros propios cerebros, a menudo promedio.

Hay que ser de espíritu firme y firme en sus convicciones para convertir sus pensamientos en fortunas. Incluso si comprendes el procedimiento a través del cual tus ideas pueden hacerte rico, recuerda siempre que las ideas impresionantes sólo se convierten en grandes fortunas si el individuo detrás de la idea está igualmente dispuesto a ser impresionante.

A menudo es difícil de mantener si todos a tu alrededor dicen, "No puedes lograrlo". Tienes que ser un espíritu muy sólido para soportar la duda de los que te rodean. Pero tu espíritu debe ser aún menos atacable si eres el individuo que se dice a sí mismo "No puedes lograr eso". Esto no significa que vayas a ciegas al no escuchar las grandes y malas ideas de tus amigos o de ti mismo.

Sus ideas y aportaciones deben ser escuchadas y a menudos utilizados si sus ideas son mejores que las tuyas. Pero en este momento, no te estoy hablando de simples ideas o consejos.

De lo que le estoy hablando es de algo más que simples ideas. Hablo de su estado emocional y de la voluntad de seguir adelante aunque esté ocupado con la duda y fuera de las grandes ideas. Nadie puede decirte lo que puedes o no puedes lograr en tu vida.

Sólo tú eres capaz de regularlo. Tu propia grandeza se encuentra a menudo al final del camino, y una vez que se trata de convertir tus pensamientos en ingresos, hay muchas veces que llegas al final del camino.

El final del camino es si estás sin pensamientos, sin ingresos, y lleno de dudas.

Si eres capaz de descubrir en ti mismo el espíritu para continuar, descubrirás lo que realmente se necesita para convertir tus ideas en activos increíbles.

Convertir un pensamiento en una gran fortuna es más una cuestión de espíritu humano que del poder del cerebro humano. Al final de cada ruta, la persona descubre su espíritu.

Descubrir su espíritu y hacerlo sólido es más crucial que la idea o el negocio que está formulando. Una vez que descubra su espíritu emprendedor, siempre podrá tomar ideas realmente promedio y convertirlas en fortunas exageradas y tener dinero para invertir. Recuerda siempre que el mundo está lleno de individuos con ideas increíbles y muy pocos individuos con grandes fortunas.

Capítulo 5: Estrategia y estilo

Porque invertir no es algo seguro en la mayoría de los casos, es muy parecido a un juego - no sabes el resultado hasta que se ha jugado el juego y se ha declarado un ganador.

Cada vez que juegas a casi cualquier tipo de juego, tienes un plan.

Invertir no es diferente - se requiere un plan de inversión.

Saber cuál es tu tolerancia al riesgo y tu estilo de inversión te ayudará a elegir las inversiones de forma más inteligente. Mientras que hay muchos tipos diferentes de inversiones que uno puede hacer, en realidad sólo hay 3 tendencias de inversión específicas - y esas 3 tendencias se relacionan con su tolerancia al riesgo.

Las 3 tendencias de inversión son conservadoras, moderadas y agresivas.

Lo que hay que entender

Un plan de inversión es básicamente un plan para invertir su dinero en varios tipos de inversiones que le ayudarán a cumplir sus objetivos financieros en un período de tiempo determinado. Cada tipo de inversión contiene inversiones individuales de las que debes seleccionar. Una tienda de ropa vende ropa - pero esa ropa consiste en camisas, pantalones, vestidos, faldas, ropa interior, etc. La bolsa de valores es un tipo de inversión, pero contiene varios tipos de acciones, que contienen diferentes compañías en las que puedes invertir.

Si no ha hecho su investigación, puede llegar a ser muy confuso, simplemente porque hay muchos tipos de inversiones variadas e inversiones individuales entre las que elegir. Aquí es donde entra en juego tu plan, combinado con tu tolerancia al riesgo y la tendencia de inversión.

Si eres nuevo en las inversiones, trabaja estrechamente con un planificador financiero antes de hacer cualquier inversión. Ellos te ayudarán a desarrollar un plan de inversión que no sólo estará dentro de los límites de tu tolerancia al riesgo y tu tendencia de inversión, sino que también te ayudará a lograr tus metas financieras.

Nunca invierta dinero en efectivo sin tener una meta y un plan para alcanzar esa meta! Esto es esencial. ¡Nadie entrega su dinero a nadie sin saber para qué se está usando ese dinero y cuándo lo recuperarán! ¡Si no tienes una meta, un plan o un esquema, eso es esencialmente lo que estás haciendo! ¡Siempre empieza con una meta y un plan para alcanzar esa meta!

Naturalmente, si usted encuentra que tiene una baja tolerancia al riesgo, su tendencia de inversión será probablemente conservadora o moderada en el mejor de los casos.

Si tienes una alta tolerancia al riesgo, lo más probable es que seas un inversor moderado o agresivo. Al mismo tiempo, sus objetivos financieros también determinarán la tendencia de inversión que utilice.

Si está ahorrando para la jubilación a los veinte años, debería utilizar una tendencia conservadora o moderada de inversión, pero si está intentando reunir los fondos para comprar una casa en el próximo año o dos, deseará utilizar una tendencia agresiva.

Los inversores conservadores desean mantener su inversión inicial. Dicho de otra manera, si invierten 5.000 dólares, desean estar seguros de que recuperarán sus 5.000 dólares iniciales. Este tipo de inversionista comúnmente invierte en acciones y bonos comunes y en cuentas del mercado monetario a corto plazo.

Una cuenta de ahorros que gana intereses es

muy común para los inversionistas conservadores.

Un inversionista moderado comúnmente invierte como un inversionista conservador, pero utilizará una porción de sus fondos de inversión para inversiones de mayor riesgo. Muchos inversores moderados invierten el 50% de sus fondos de inversión en inversiones seguras o conservadoras, e invierten el resto en inversiones de mayor riesgo.

Un inversor agresivo está dispuesto a tomar riesgos que otros inversores no tomarán. Invierten mayores sumas de dinero en empresas de mayor riesgo con la esperanza de lograr mayores rendimientos, ya sea a lo largo del tiempo o en un corto plazo. Los inversores agresivos suelen tener todos o la mayoría de sus fondos de inversión inmovilizados en el mercado de valores.

Una vez más, la determinación de la tendencia de inversión que utilizará estará determinada por sus objetivos financieros y su tolerancia al riesgo. Sin embargo, independientemente del tipo de inversión que haga, debe investigar con cautela esa inversión. Nunca invierta sin tener todos los datos!

Conclusión

A lo largo del camino, puede que cometa algunos errores de inversión, sin embargo hay enormes errores que debe evitar absolutamente si quiere ser un inversor de éxito. Por ejemplo, el mayor error de inversión que podrías cometer es no invertir en absoluto, o dejar de invertir para más adelante. Haga que su dinero trabaje para usted, ¡incluso si lo único que le sobra son 20 dólares a la semana para invertir!

Aunque no invertir en absoluto o dejar la inversión para más adelante son errores enormes, invertir antes de estar en la posición financiera para hacerlo es otro gran error. Ponga en orden su situación financiera actual primero, y luego empiece a invertir. Consiga su crédito, pague los préstamos de alto interés y las tarjetas de crédito, y ahorre por lo menos 3 meses de gastos de subsistencia. Una vez hecho esto, estás listo para empezar a dejar que tu dinero trabaje para ti.

No inviertas para hacerte rico rápidamente. Es el tipo de inversión más arriesgado que existe, y es más que probable que pierdas. Si fuera simple, ¡todo el mundo lo haría! Más bien, invierte a largo plazo, y ten la paciencia de capear las tormentas y permitir que tu dinero crezca. Sólo invierte a corto plazo cuando sepas que necesitarás el dinero en poco tiempo, y luego sigue con las inversiones seguras, como los certificados de depósito.

No pongas todos tus huevos en una sola cesta. Dispérsalos en diferentes tipos de inversiones para obtener las mejores ganancias. De la misma manera, no mueva demasiado su dinero. Déjalo correr. Elija sus inversiones con cautela, invierta su dinero y deje que crezca. No se asuste si las acciones caen unos pocos dólares. Si las acciones son estables, volverán a subir.

Recuerda que el que no arriesga no gana, pero se inteligente!!!!!